MEIN
BIENEN
KÄFER
IGEL
MITMACHBUCH

Über **50** Mal-, Rätsel- und Bastelideen
für kleine Naturfreunde

FINDE DIE FEHLER

Die Schmetterlinge flattern über die Wiese und suchen bunte Blüten mit leckerem Nektar. In das rechte Bild haben sich jedoch **10** Fehler eingeschlichen. Findest du die Unterschiede?

Die Lösung findest du auf Seite 74.

BUCHSTABENGITTER

Finde die versteckten Begriffe und markiere sie. Die Wörter können waagerecht, senkrecht oder diagonal verlaufen.

```
Ä F A M E I S E Q S S V X U L E
S W T N E A F P E J P K B S Y I
C R A S Z I H G U E I D E C A C
H Ö O Q T R S E E R N M Y H M H
N J P I A M S E L N N I K M B H
E V Y N B H E M R E E T I E G Ö
C R O H Ä I E N S N B G U T C R
K M A R I E N K Ä F E R H T E N
E E G A S U S A U L X E Ä E N C
U V H E Q M Ü I N M L P N R G H
S G U F E I D E C H S E G L M E
P B M O L K E N B E T T S I E N
A N M M E Ö A I W L B I E N E O
T R E G E N W U R M N A M G E S
Z K L K Z U F L E D E R M A U S
```

Die Lösung findest du auf Seite 74.

Ameise | Amsel | Biene | Eichhörnchen | Eidechse | Fledermaus | Hummel | Igel
Marienkäfer | Meise | Regenwurm | Schmetterling | Schnecke | Spatz | Spinne

IGEL-TÜRSCHILD

Schneide das Türschild an den gestrichelten Linien aus und male es bunt an.

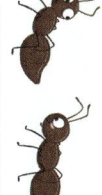

KOMM HEREINGETIPPELT!

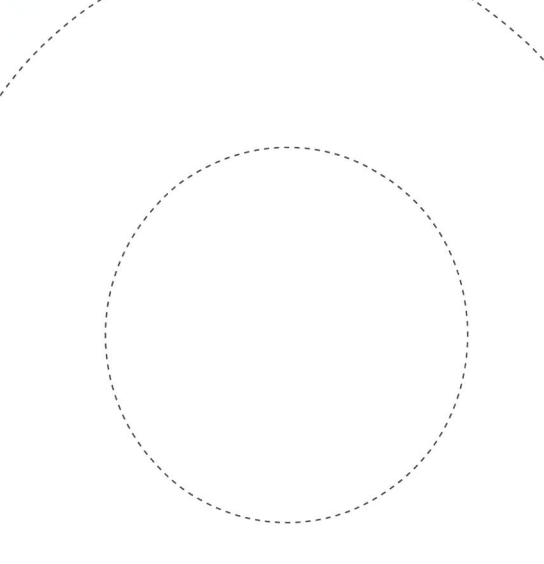

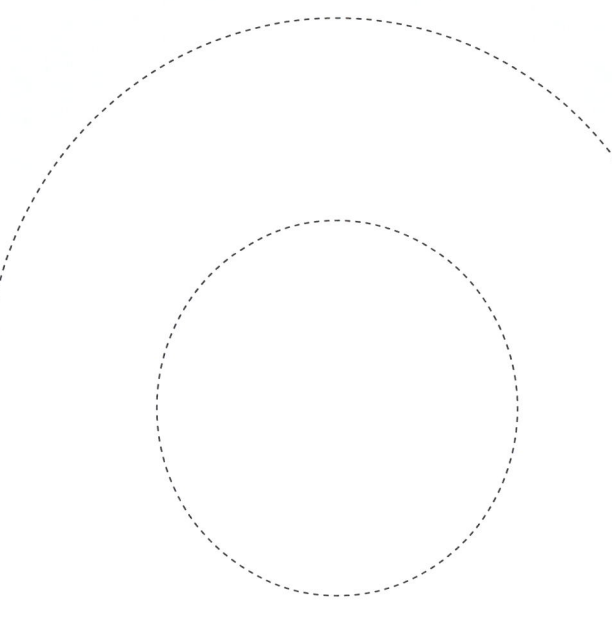

PST!
MEIN IGEL MACHT
WINTERSCHLAF.

Wenn im November die Temperaturen gegen null Grad gehen, machen sich die Igel bereit für ihren Winterschlaf. Die Insektenfresser suchen sich ein sicheres Versteck, in dem es nicht zu kalt oder zu feucht ist. Ein großer Laubhaufen ist ideal. Dort machen sie es sich bis zum nächsten Frühjahr gemütlich. Während des Winterschlafs fressen sie nichts. Deshalb müssen sie sich bis zum Herbst ein dickes Fettpolster angefressen haben.

TIPP Baue aus Laub und Reisig ein Winterquartier im Garten - vielleicht zieht ja ein Igel ein.

SOMMER AUF DER BLUMENWIESE

7

BLINDSCHLEICHEN ZÄHLEN

Wie viele Blindschleichen haben sich auf dieser Seite
versteckt? Fang an zu zählen und finde es heraus!

Die Lösung findest du auf Seite 74.

INSEKTEN-SUDOKU

Schneide die Kärtchen unten aus und ordne Biene,
Schmetterling, Ameise und Raupe so an, dass jedes
Tier in einer waagerechten und senkrechten Reihe
immer genau einmal vorkommt.

Die Lösung
findest du auf
Seite 74.

9

KRÖTE UND BRUMMER

SPINNEN-MALKURS

Male die andere Hälfte der Kreuzspinne im Netz in das rechte Gitternetz und male die Spinne an.

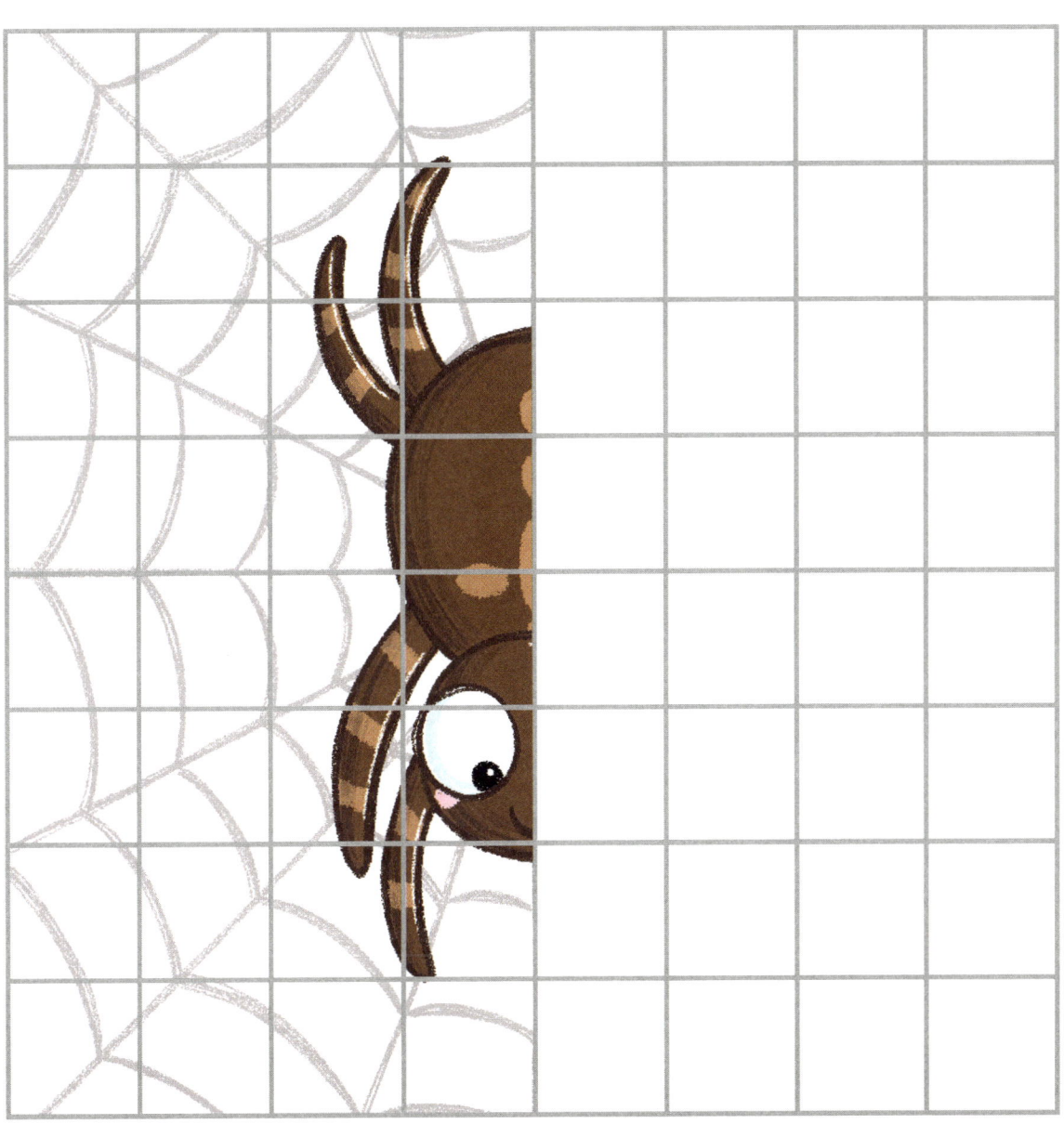

TIERE DER NACHT

LUSTIGER STROHHALM-SCHMUCK

1 Schneide die Tiere entlang der gestrichelten Linien aus und stanze mit dem Locher an den markierten Stellen Löcher aus.

2 Falte die Einstecklaschen an der gepunkteten Linie nach hinten. Schiebe einen Papiertrinkhalm durch die Löcher und die Tiere so weit nach unten, dass du sie beim Trinken nicht mit den Lippen berührst. Fertig!

BRUMMER-JAGD

Die Kröte will sich den fetten Brummer schnappen.
Hilf ihr und finde den Weg durchs Labyrinth.

Die Lösung findest du auf Seite 75.

BLUMENSAMEN-TÜTEN

1 Schneide die Samentüten auf Seite 17 und 19 entlang der Linien sauber aus.

2 Lege das ausgeschnittene Rechteck jeweils quer vor dich auf den Tisch, falte die linke auf die rechte Kante und klappe es wieder auf.

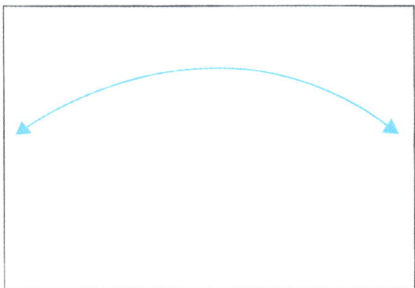

3 Falte die linke und die rechte Kante bis zur gefalteten Linie und streiche die Knicke glatt.

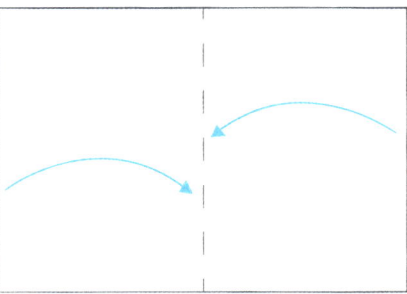

4 Klebe einen Streifen Masking Tape oder Klebefilm in die Mitte und verbinde so beide Seiten miteinander.

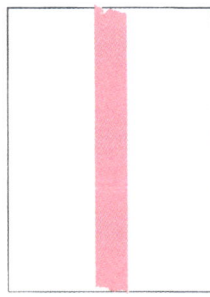

5 Falte für den Tütenboden die untere Kante ca. 4 cm breit nach oben. Klappe den Streifen danach wieder auf.

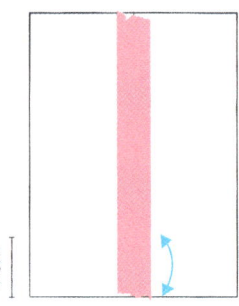

4 cm   4 cm

6 Drücke die Kanten der langen Seiten in die Mitte. Es entsteht eine Art Schiffchen. Orientiere dich hierfür am Bild unten.

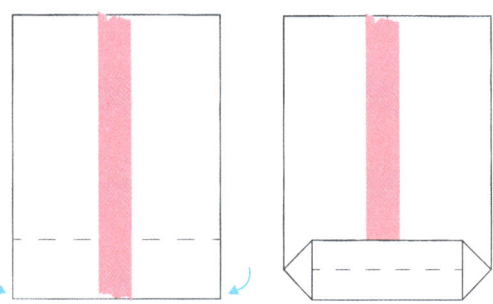

7 Falte die neu entstandenen Seitenkanten zur Schiffsmitte und klebe einen Streifen Masking Tape oder Klebefilm darüber, um den Tütenboden zu fixieren.

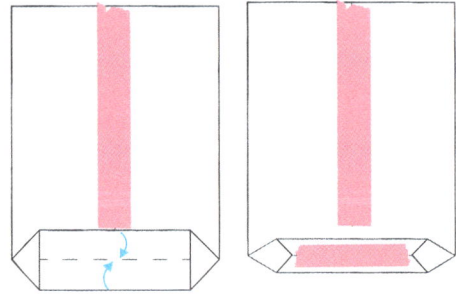

SO GEHT'S

Sammle reife Samen von heimischen Wildblumen zum Beispiel Löwenzahn, Mohn, Lupine, Wicke oder Distel. In den Tüten kannst du sie den Winter über aufbewahren. Im nächsten Jahr säst du die Samen ab April in feuchte Erde im Garten oder in einen großen Blumentopf. Bienen und Schmetterlinge freuen sich über Blüten mit viel süßem Nektar.

TRICK 17

Trick 17 Alltagstipps
ISBN 978-3-7724-**7009**-7
416 S., SC, € (D) 17,00

Trick 17 Camping &
Outdoor
ISBN 978-3-7724-**7196**-4
320 S., SC, € (D) 19,00

Trick 17 Garten & Balkon
ISBN 978-3-7724-**7181**-0
336 S., SC, € (D) 19,00

Trick 17. 1000 geniale Life-
hacks, die dir den Tag retten
ISBN 978-3-7724-**7168**-1
368 S., HC, € (D) 25,00

Nachhaltigkeit

Projekt plastikfrei
ISBN 978-3-7724-**4950**-5
112 S., HC, € (D) 17,00

Every Day for Future
ISBN 978-3-7724-**7172**-8
144 S., SC, € (D) 7,99

Lass dich nicht
verarschen!
ISBN 978-3-7724-**7157**-5
144 S., SC, € (D) 15,00

Trick 17 Nachhaltig leben
ISBN 978-3-7724-**4976**-5
320 S., SC, € (D) 17,00

Escape Room Rätsel

Mach mit beim
#TOPPprojekt

#TOPPprojekt
@frechverlag

Escape Game 4 CRIME
ISBN 978-3-7724-**4974**-1
144 S., HC, € (D) 18,00

Escape Room Trainer
ISBN 978-3-7724-**4931**-4
144 S., HC, € (D) 12,99

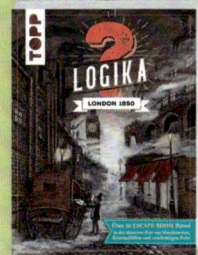

Logika – London 1850
ISBN 978-3-7724-**4932**-1
144 S., SC, € (D) 9,99

Nähen

Nähen im Boho-Look
ISBN 978-3-7724-**8174**-1
96 S., HC, € (D) 18,99

Nähen mit Pattarina
ISBN 978-3-7724-**4803**-4
80 S., HC, € (D) 13,99

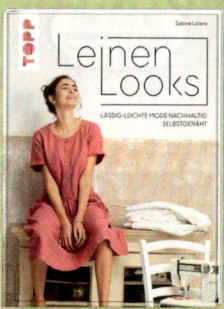

LeinenLooks
ISBN 978-3-7724-**4827**-0
112 S., HC, € (D) 22,00

Kinderkleidung für
Einsteiger · Ganz einfach
aus Webware nähen
ISBN 978-3-7724-**8176**-5
128 S., HC € (D) 22,00

Stricken

Flauschrausch
ISBN 978-3-7724-**4821**-8
128 S., HC, € (D) 19,99

Mein ARD Buffet Strick-
buch
ISBN 978-3-7724-**8177**-2
128 S., HC, € (D) 19,99

NatureLove stricken
ISBN 978-3-7724-**4828**-7
112 S., HC € (D) 18,00

Harry Potter:
Magisch stricken
ISBN 978-3-7724-**4830**-0
208 S., HC, € (D) 24,99

Häkeln

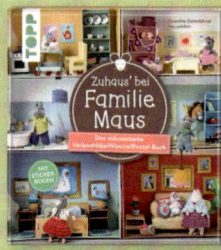

Zuhaus bei Familie Maus
ISBN 978-3-7724-**4822**-5
128 S., HC, € (D) 19,99

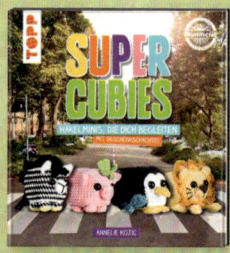

Super Cubies
ISBN 978-3-7724-**4804**-1
96 S., SC, € (D) 15,00

Häkeln im Boho-Look
ISBN 978-3-7724-**4817**-1
96 S., HC, € (D) 16,99

Was häkle ich heute?
ISBN 978-3-7724-**4806**-5
160 S., HC € (D) 14,99

HUNGRIGE VOGELKINDER

Die Vogelkinder haben Hunger! Hilf der Vogelmutter,
den Weg zu ihrem Nest zu finden.

Die Lösung findest du
auf Seite 75.

REGENWÜRMER ZÄHLEN

Es hat geregnet! Die Regenwürmer kriechen aus ihren unterirdischen Gängen. Zähle sie und finde heraus, wie viele es sind.

Die Lösung findest du auf Seite 74.

SONNENANBETER

INSEKTEN-BETRÜGER

Es summt, brummt, krabbelt und wimmelt, wenn Insekten im Garten sind. Ein Tier hat sich jedoch unter die Krabbler gemischt, das kein Insekt ist. Findest du es?

Zähl doch mal! Wie viele Insekten findest du auf dieser Seite?

Die Lösung findest du auf Seite 76.

TIER-PAARE FINDEN

Schneide die Kärtchen auf Seite 27 und 29 entlang der Linien aus. Dann könnt ihr auch schon losspielen! Hier sind die Spielregeln: Legt die Kärtchen verdeckt auf den Tisch. Dann darf jeder Spieler reihum zwei Kärtchen gleichzeitig aufdecken. Wenn die Kärtchen unterschiedliche Tiere zeigen, werden sie wieder umgedreht. Wenn die beiden Kärtchen dasselbe Tier zeigen, darf der Spieler sie aus dem Spiel nehmen und behalten. Wer zum Schluss die meisten Tier-Paare gefunden hat, gewinnt das Spiel.

Blindschleiche

Eidechse

Siebenschläfer

Blindschleiche

Eidechse

Siebenschläfer

Fledermaus

Eichhörnchen

Schnecke

Fledermaus

Eichhörnchen

Schnecke

Ameise

Schmetterling

Zaunkönig

Ameise

Schmetterling

Zaunkönig

Regenwurm

Biene

Spinne

Regenwurm

Biene

Spinne

MALEN NACH ZAHLEN

Male das Bild aus. Der Farbschlüssel unten gibt dir an, welche Farben du benutzen musst.

Die Lösung findest du auf Seite 74.

 1 2 3 4 5 6 7 8 9 10

SONNIGES PLÄTZCHEN

Die Eidechse sucht ein sonniges Plätzchen zum Aufwärmen. Führe sie zu dem Stein, auf dem sie es sich gemütlich machen kann. Die bunten Blüten zeigen dir den Weg.

Die Lösung findest du auf Seite 75.

SCHATTENSPIEL

Auf der Suche nach Futter für ihre Jungen fliegt die flinke Meise durch den Sommergarten. Auf dem Rasen wirft sie einen Schatten. Aber welcher ist der richtige?

Die Lösung findest du auf Seite 75.

MARIENKÄFER-MALKURS

Kopiere den Marienkäfer in das rechte Gitternetz
und male ihn an.

Marienkäfer sehen nicht nur süß aus, sondern gehören zu den nützlichsten Gartenbewohnern. Denn sowohl die hübsch gepunkteten Käfer als auch ihre Larven vertilgen während ihres Lebens Tausende schädlicher Blattläuse.

WINTER IM GARTEN

BASTLE DIR EINE BIENE

1 Male die verschiedenen Körperteile deiner Biene bunt an.

2 Schneide alle Teile aus und klebe sie zusammen. Orientiere dich dabei an dem Bild oben rechts.

MALEN NACH ZAHLEN

Welches Tier hat sich hier versteckt? Male das Bild aus. Der Farbschlüssel unten gibt dir an, welche Farben du benutzen musst.

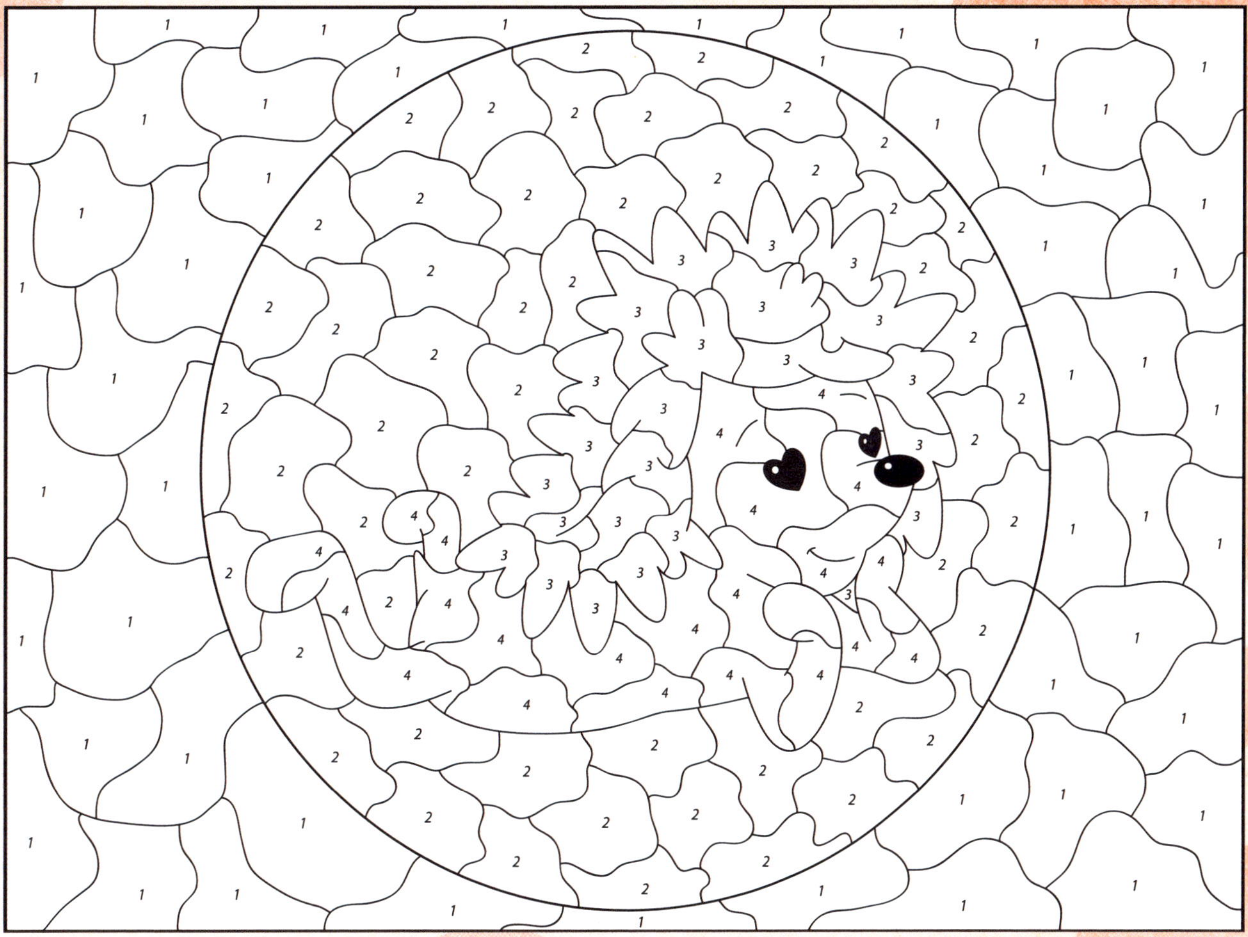

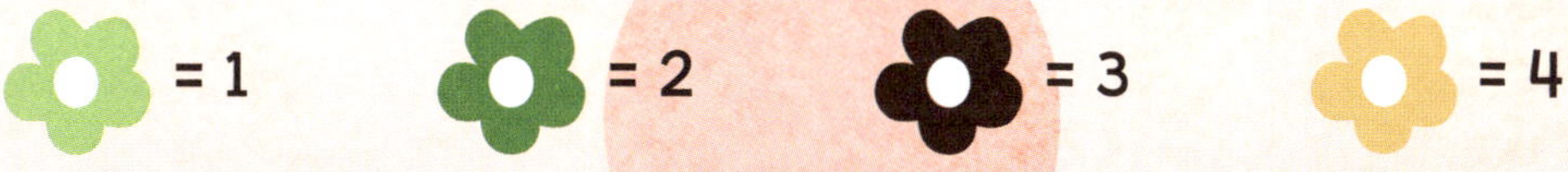

 = 1    = 2    = 3    = 4

Die Lösung findest du auf Seite 76.

AUF NEKTARSUCHE

Die Biene und die Hummel sind auf der Suche
nach süßem Nektar. Führe sie zu den Blüten.

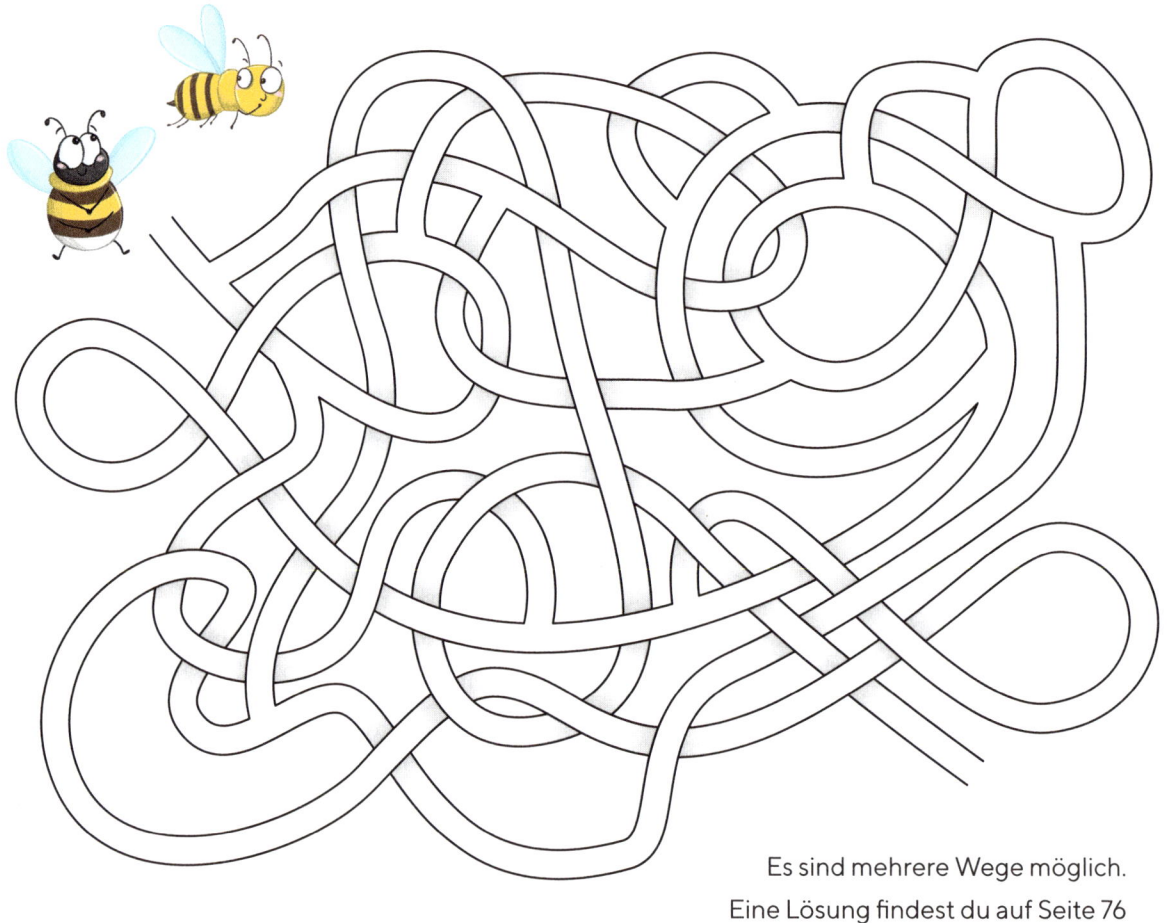

Es sind mehrere Wege möglich.
Eine Lösung findest du auf Seite 76

INSEKTEN-DOMINO

Schneide die Kärtchen auf Seite 41 und 43 entlang der Linien aus. Dann könnt ihr auch schon losspielen! Hier sind die Spielregeln: Jeder Spieler erhält sieben Dominokärtchen. Die restlichen Kärtchen werden verdeckt als Stapel auf den Tisch gelegt. Es wird abwechselnd gespielt. Der jüngste Spieler beginnt und legt ein Kärtchen auf das Spielfeld. Nun wählt der zweite Spieler ein Kärtchen aus seinem Vorrat und legt dieses an eines der Kärtchenenden des ersten Spielers. Die angrenzenden Hälften beider Kärtchen müssen dabei gleich sein. Wer nicht legen kann, muss ein Kärtchen aus dem Stapel ziehen und ist in der nächsten Runde wieder dran. Jetzt ist der nächste Spieler an der Reihe und legt ein weiteres Kärtchen aus seinem Vorrat an die Dominokette usw. Der Spieler, der zuerst alle seine Kärtchen abgelegt hat, gewinnt das Spiel.

FRÖHLICHE SCHNECKEN

FINDE DIE FEHLER

Im Winter flattern Blaumeise, Spatz und Rotkehlchen durch den verschneiten Park. In das rechte Bild haben sich jedoch **10** Fehler eingeschlichen. Findest du die Unterschiede?

46

Viele Vögel verbringen den Winter im Süden, weil sie in der kalten Jahreszeit bei uns nicht genug Nahrung finden. Denn viele Insekten verstecken sich und fallen in Winterstarre. Vögel wie Spatz oder Meise, die sich auch von Samen und Früchten ernähren, finden auch im Winter bei uns noch Nahrung.

Die Lösung findest du auf Seite 76.

BÜCHERWURM-LESEZEICHEN

1 Schneide die Vorder- und Rückseite deines Lesezeichens entlang der Linien aus.

2 Damit dein Lesezeichen stabiler wird, klebst du ein gleich großes Stück festeren Karton zwischen die rechteckigen Teile des Lesezeichens.

TIPP Du kannst aus den Vorlagen auch zwei Lesezeichen basteln. Selbstklebende Transparentfolie auf Vorder- und Rückseite kleben, ausschneiden und fertig!

Nach einem kräftigen Regen verlassen Regenwürmer ihre unterirdischen Gänge. Auf der nassen Erde gehen die Weichtiere auf Wanderschaft. Wenn der Boden schön feucht ist, kommen sie über der Erde schneller voran als im Erdreich. Vielleicht finden sie unterwegs einen Partner für die Fortpflanzung?

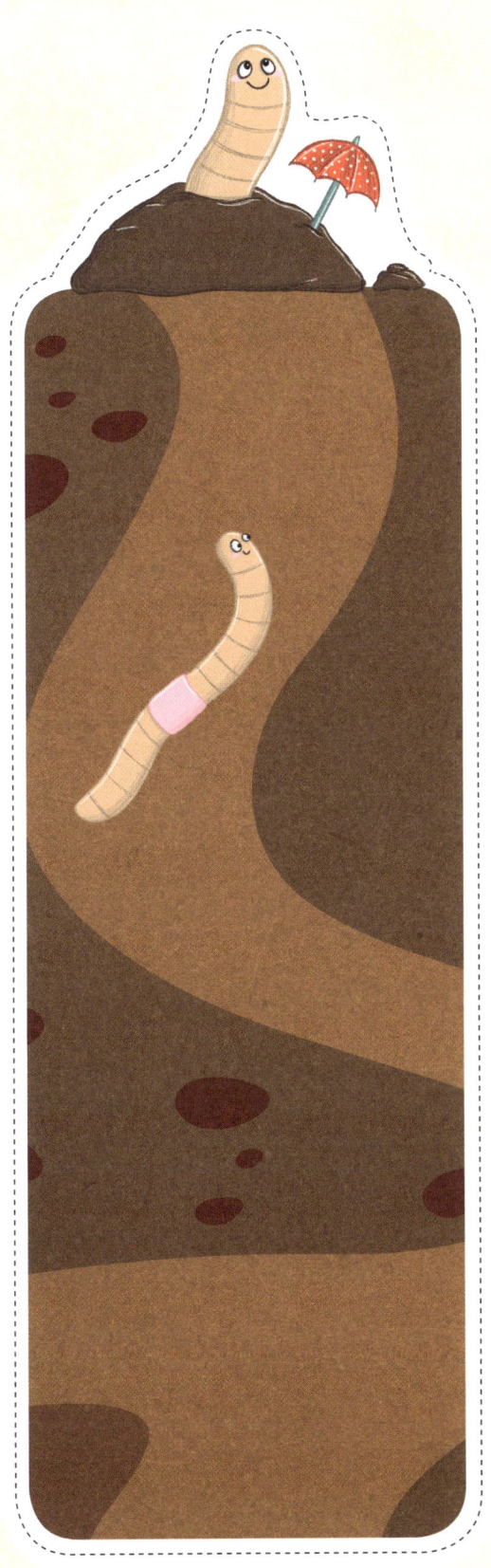
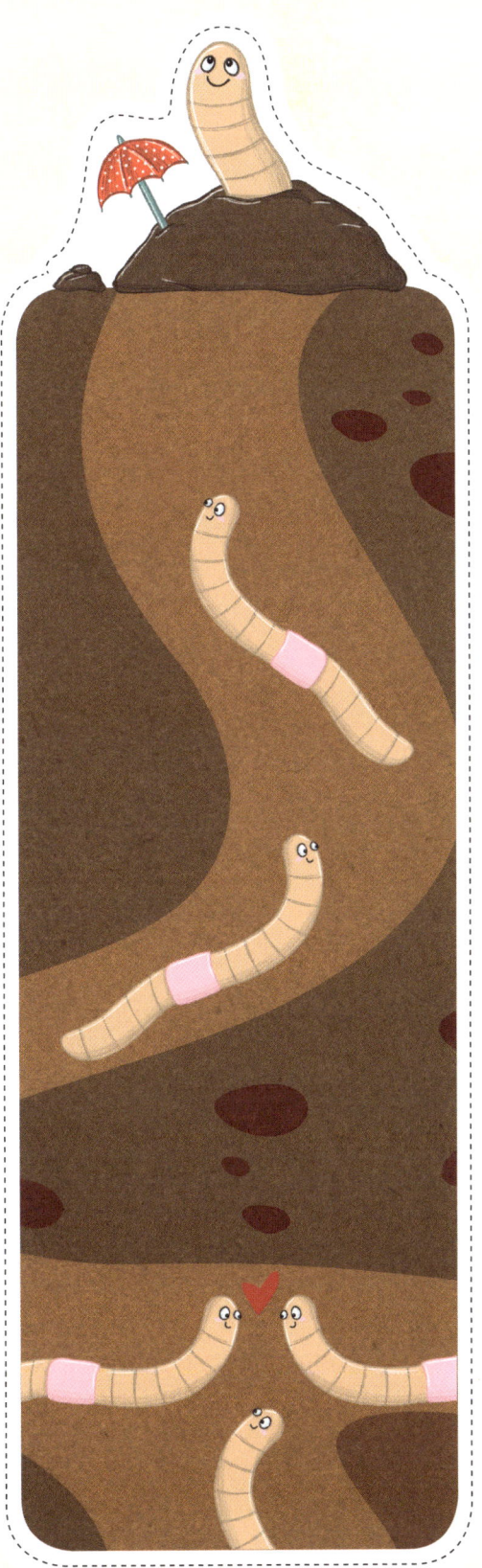

WER GEHÖRT ZUSAMMEN?

Auf dieser Seite haben sich zwei Fluginsekten, zwei
Weichtiere, zwei Säugetiere und zwei Echsen versammelt.
Verbinde die Tiere, die zusammengehören.

Die Lösung findest du auf Seite 76.

GARTENFEST-GIRLANDEN

1 Schneide die Motive auf Seite 53 und 55 entlang der Linien aus.

2 Fädle ein ca. 2 m langes Stück Kordel in eine spitze Sticknadel ein und ziehe die ausge-schnittenen Motive nacheinander in beliebiger Reihenfolge auf die Schnur. Stich zunächst an den markierten Stellen die Löcher vor und achte darauf, dass du jedes Motiv immer von vorne auffädelst, sodass die Kordel auf der Rückseite entlangläuft. Du kannst auch zwei kürzere Girlanden basteln.

55

BLUMEN ZÄHLEN

Wie viele Blumen haben sich hier versteckt?
Fang an zu zählen und finde es heraus!

Die Lösung findest du auf Seite 74.

SCHNECKEN-RENNEN

Welche Schnecke ist auf dem richtigen Weg zum Salat?

Die Lösung findest du auf Seite 77.

BASTLE DIR EINEN STACHELFREUND

1 Male die Körperteile deines Igels bunt an.

2 Schneide alle Teile aus und klebe sie zusammen. Orientiere dich dabei an dem Bild rechts.

59

NÜSSE SAMMELN

SCHNEGELPARTY

Auf dieser Seite tummeln sich viele Tigerschnegel. Sie sind nützliche Gartenbewohner, denn sie fressen schädliche Nacktschnecken. Du erkennst sie an dem braun-schwarzen Muster. Ein Tigerschnegel auf dieser Seite hat sich besonders hübsch gemacht. Welcher ist es?

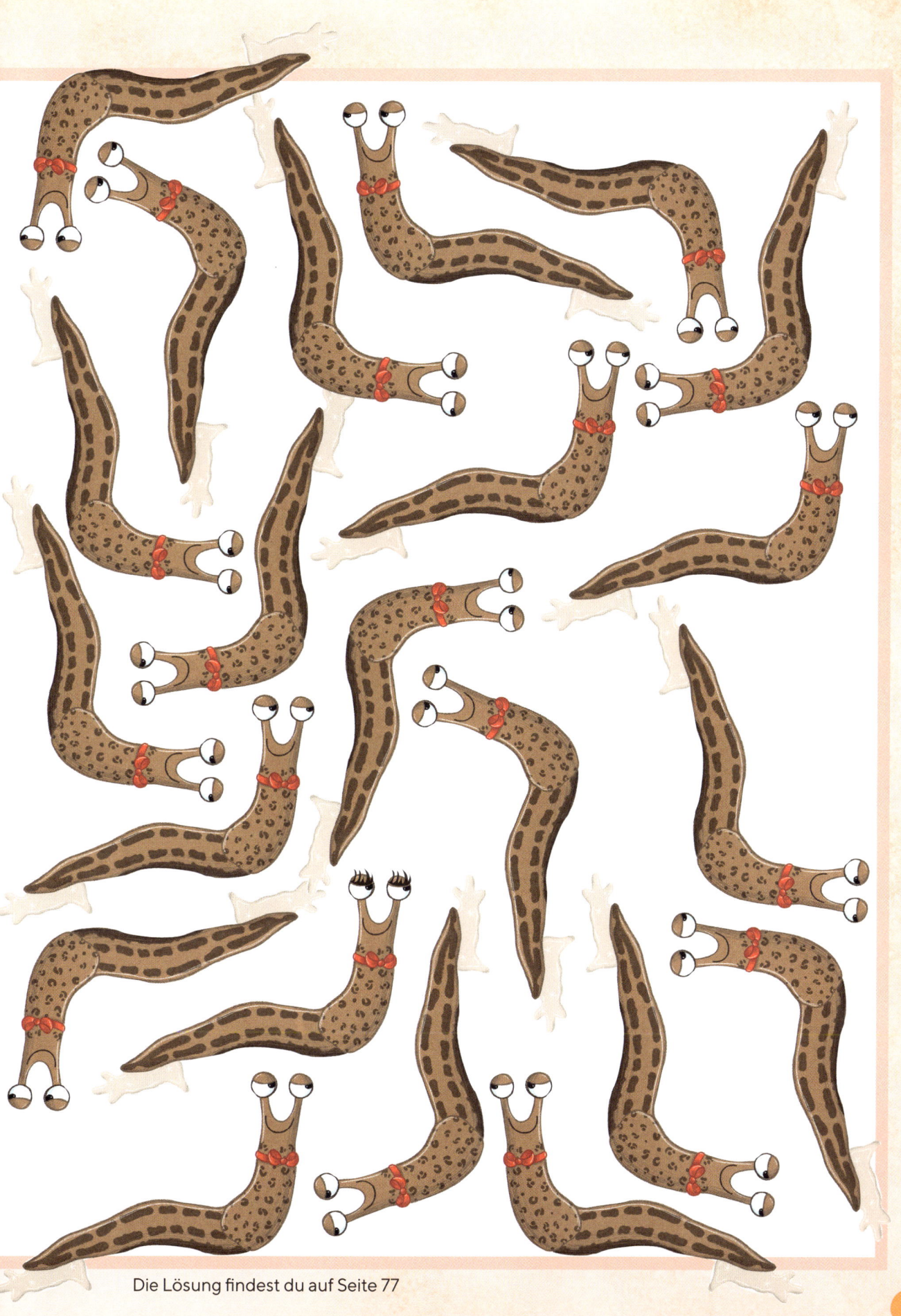

Die Lösung findest du auf Seite 77

63

FINDE DIE FEHLER

Die beiden Raupen lassen sich die saftigen Blätter schmecken. In das rechte Bild haben sich jedoch **10** Fehler eingeschlichen. Findest du die Unterschiede?

Schmetterlinge verbringen einen großen Teil ihres Lebens als Raupe. Sobald die Raupe aus dem Ei geschlüpft ist, beginnt sie zu fressen. Wenn sie groß genug ist, spinnt sie sich in einen Kokon ein und verwandelt sich in einen Schmetterling. Die bunten Falter leben meist nur wenige Wochen. In dieser Zeit paaren sie sich und legen Eier, aus denen wieder Raupen schlüpfen.

Die Lösung findest du auf Seite 77.

GEFANGEN IM SPINNENNETZ

Eine Fliege hat sich im Netz der Spinne verfangen!
Hilf der Spinne, den Weg zu ihr zu finden.

Die Lösung findest du auf Seite 77.

SUDOKU

Schneide die Kärtchen unten aus und ordne Vogel, Igel, Schnecke, Siebenschläfer und Fledermaus so an, dass jedes Tier in einer waagerechten und senkrechten Reihe immer genau einmal vorkommt.

Die Lösung findest du auf Seite 77.

SUMM, SUMM, SUMM...

SOMMER
IM
APFELBAUM

69

SIEBENSCHLÄFER-MALKURS

Kopiere den Siebenschläfer in das rechte Gitternetz
und male ihn an.

Der nachtaktive Siebenschläfer lebt hauptsächlich auf Bäumen. Der lange buschige Schwanz hilft dem geschickten Kletterer, das Gleichgewicht zu halten. Am liebsten frisst der Nager Bucheckern. Von September bis Mai hinein halten Siebenschläfer Winterschlaf in einer unterirdischen Höhle.

AMEISEN ZÄHLEN

Ein Ameisenstaat besteht oft aus vielen Tausend Tieren. Auch auf dieser Seite wimmelt es von den fleißigen Insekten. Wie viele Exemplare von jeder der drei verschiedenen Ameisen kannst du auf dieser Seite zählen?

Die Lösung findest du auf Seite 74.

LÖSUNGEN

Finde die Fehler
Seite 2/3

Buchstabengitter
Seite 4

Ä	F	A	M	E	I	S	E	Q	S	S	V	X	U	L	E
S	W	T	N	E	A	F	P	E	J	P	K	B	S	Y	I
C	R	A	S	Z	I	H	G	U	E	I	D	E	C	A	C
H	Ö	O	Q	T	R	S	E	E	R	N	M	Y	H	M	H
N	J	P	I	A	M	S	E	L	N	N	I	K	M	B	Ö
E	V	Y	N	B	H	E	M	R	E	E	T	I	E	G	R
C	R	O	H	Ä	I	E	N	S	N	B	G	U	T	C	N
K	M	A	R	I	E	N	K	Ä	F	E	R	H	T	E	C
E	E	G	A	S	U	S	A	U	L	X	E	Ä	E	N	H
U	V	H	E	Q	M	Ü	I	N	M	L	P	N	R	G	E
S	G	U	F	E	I	D	E	C	H	S	E	G	L	M	N
P	B	M	O	L	K	E	N	B	E	T	T	S	I	E	O
A	T	N	M	M	E	Ö	A	I	W	L	B	I	E	N	E
T	Z	R	E	G	E	N	W	U	R	M	N	A	M	G	S
Z	K	L	K	Z	U	F	L	E	D	E	R	M	A	U	S

Blindschleichen zählen
Seite 8

26 Blindschleichen

Regenwürmer zählen
Seite 22

34 Regenwürmer

Blumen zählen
Seite 57

14 Blumen

Ameisen zählen
Seite 72/73

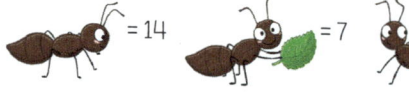

Insekten-Sudoku
Seite 9

Malen nach Zahlen
Seite 31

74

LÖSUNGEN

Brummer-Jagd
Seite 15

Hungrige Vogelkinder
Seite 21

Sonniges Plätzchen
Seite 32

Schattenspiel
Seite 33

LÖSUNGEN

Malen nach Zahlen

Seite 39

Auf Nektarsuche

Seite 40

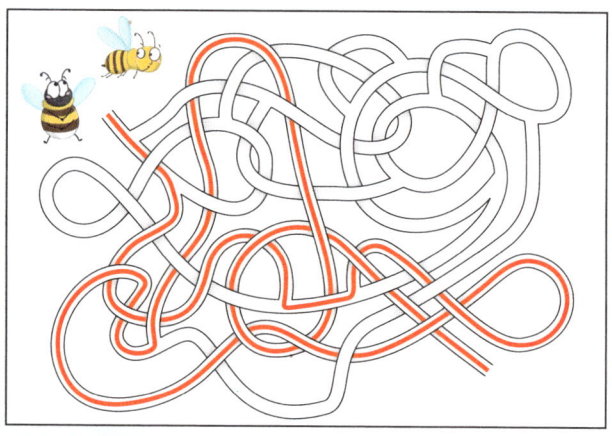

Insekten-Betrüger

Seite 24/25

Die Spinne ist kein Insekt. Sie gehört zu den Spinnentieren. Das kannst du ganz leicht an den Beinen erkennen. Insekten wie Bienen, Wespen, Hornissen, Hummeln, Schmetterlinge, Marienkäfer und Ameisen haben sechs Beine. Spinnen haben acht. Es gibt 14 Insekten auf dieser Doppelseite.

Finde die Fehler

Seite 46/47

Wer gehört zusammen?

Seite 51

Hornisse und Florfliege sind Fluginsekten, Fledermaus und Eichhörnchen sind Säugetiere, Blindschleiche und Eidechse sind Echsen, Regenwurm und Schnecke sind Weichtiere.

LÖSUNGEN

Schnecken-Rennen
Seite 58

Schnegelparty
Seite 62/63

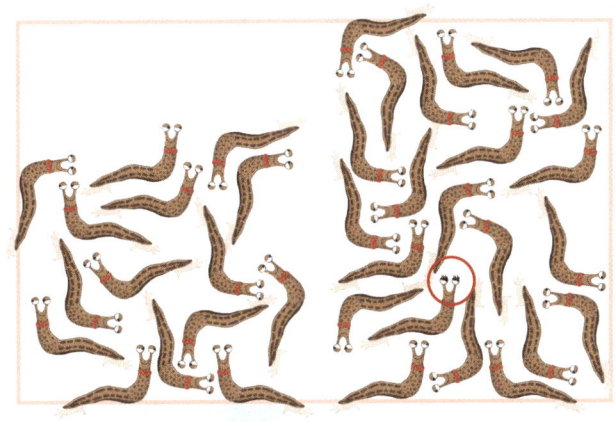

Finde die Fehler
Seite 64/65

Gefangen im Spinnennetz
Seite 66

Sudoku
Seite 67

Buchempfehlungen für Dich

Noch mehr kreative Bücher gesucht?

ISBN 978-3-7724-8423-0

ISBN 978-3-7724-8460-5

ISBN 978-3-7724-8458-2

ISBN 978-3-7724-8437-7

ISBN 978-3-7724-4340-4

ISBN 978-3-7724-4358-9

ISBN 978-3-7724-8443-8

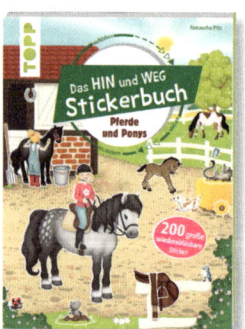

ISBN 978-3-7724-7843-7

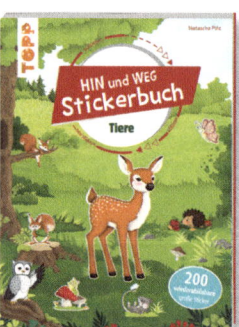

ISBN 978-3-7724-7844-4

Noch mehr Kreativ-Bücher findest Du auf www.TOPP-kreativ.de

Dürfen wir vorstellen?
Wir sind TOPP!

Uns, unsere Autoren, Bücher, Sets und viele, viele Bastelideen gibt's nicht nur auf Events und in Buchhandlungen, sondern natürlich auch online:

 www.TOPP-KREATIV.de

 www.YouTube.com/Frechverlag

 www.TOPP-KREATIV.de/Newsletter

 www.Instagram.com/Frechverlag

 www.Facebook.com/Frechverlag

 www.Pinterest.com/Frechverlag

www.TOPP-kreativ.de/DigiBib

IMPRESSUM

REDAKTION: Christine Schlitt

ILLUSTRATIONEN: Sandy Thißen (alle Tiere außer Modelle auf Seite 37 und 59); freepik (alle anderen)

PRODUKTMANAGEMENT: Janina Dieckmann

COVERGESTALTUNG: Sandra Preinl

LAYOUT UND SATZ: Heike Köhl

DRUCK UND BINDUNG: Neografia, Slowakei

1. Auflage 2020
© 2020 frechverlag GmbH, Turbinenstraße 7, 70499 Stuttgart

ISBN 978-3-7724-8483-4
Best.-Nr. 8483